100 einfache Lieder Religion

100 einfache Lieder Religion

Herausgegeben von Rolf Krenzer

Mit Liedern von

Gerald van Hulst, Rolf Krenzer, Christa Linke,
Gertrud Lorenz, Inge Lotz, Jürgen Peylo
Hanna Schernau, Wolfgang Schult, Harro Torneck
und Gertrud Wallis

Mit Zeichnungen von
Barbara Daling

Verlag Ernst Kaufmann, Lahr
Kösel-Verlag, München

3. Auflage 1984
© 1978 by Verlag Ernst Kaufmann, Lahr/Schwarzwald
und Kösel-Verlag GmbH & Co, München
Gesamtherstellung: Druckhaus und Verlag Ernst Kaufmann, Lahr/Schwarzwald
Printed in Western Germany
ISBN 3-7806-0354-3 (Kaufmann)
ISBN 3-466-36030-7 (Kösel)

Vorwort

Einhundert einfache Lieder mit religiösen Inhalten werden in dieser Sammlung vorgestellt, wobei es dem Herausgeber und dem Verlag darauf ankam, keine zusätzliche Sammlung bekannter Lieder vorzulegen, sondern neue Lieder anzubieten, die Kinder zum Mitsingen und Mitspielen anregen sollen. Nach sorgfältiger Vorarbeit ist es nun möglich, mehr als 85 ganz neue Lieder vorzulegen. Rund 15 Lieder sind ebenfalls neu, sind aber inzwischen bereits in anderen Zusammenstellungen zu finden. Weil sie aber in der Praxis so bewährt sind, konnte in dieser Zusammenstellung nicht auf sie verzichtet werden.

Anliegen dieser neuen Liedersammlung ist es, religiöse Inhalte behinderten Vorschul- und Grundschulkindern so verständlich und transparent zu machen, daß sie die Lieder, die ihnen angeboten werden, auch wirklich verstehen und gegebenenfalls in ein Spiel umsetzen können. Die Erfahrung mit bereits vorliegenden Liederbüchern (Hast du unsern Hund gesehen, Kaufmann, Lahr - Kösel, München; Mach mit uns Musik, Kaufmann, Lahr - Kösel, München) haben gezeigt, daß besonders die Lieder, die mit geistigbehinderten Kindern gesungen wurden und aus dieser Praxis entstanden, bereits großen Anklang bei nichtbehinderten Dreijährigen finden. So kam es auch bei dieser Auswahl ganz allein darauf an, Lieder anzubieten, die in verständlicher Weise die Botschaft des Evangeliums aufgreifen und auch Kindern bereits ab drei Jahren zugänglich machen, wobei die emotionalen Umsetzungsmöglichkeiten in ein Spiel wesentliche Bereicherungen bieten, weil dadurch ein besonderer erlebnishafter Aspekt gegeben wird.

Wichtige Kriterien zur Liedauswahl sehe ich darin, daß eine enge Beziehung zwischen kindgemäßem Text und kindgemäßer Melodie bestehen muß. Dabei kommt es darauf an, daß der Text auch von jüngeren Kindern und von behinderten Kindern – Zuhörern und Sängern – verstanden werden kann. Gleichzeitig muß er die Möglichkeit bieten, daß seine Aussage in ihnen gemäßer Weise umgesetzt werden kann, beispielsweise in Bewegung und Spiel.

Gertrud Lorenz und ich haben alle unsere Lieder zuerst mit behinderten Kindern erarbeitet. Wir haben dabei besondere Rücksicht auf die oft recht tiefe Stimmlage dieser Kinder nehmen müssen. So sind die Lieder, um hier wirkliche Hilfen zu geben, auch zum Teil in dieser Stimmlage niedergeschrieben. Es fällt nicht schwer, sie auf eine höhere Stimmlage zu transponieren. Einige Lieder gehen über den Pentatonik-Bereich hinaus. Es hat sich nämlich gezeigt, daß Kinder durchaus in der Lage sind, diese Lieder zu singen, zumal sie durch die Vorbilder von Rundfunk und Schallplatte (Schlager usw.) sich längst in diesem Tonumfang bewegen. Zudem stellt das Singen solcher Lieder eine Bereicherung dar.

Kinder wollen singen, spielen und musizieren. Wir haben die große Chance, ihnen im Lied Inhalte der religiösen Unterweisung anzubieten. Wir durften erfahren, daß viele der hier aufgenommenen neuen Lieder dann, wenn wir sie in Kindermessen, Kindergottesdiensten, Familiengottesdiensten, Behindertengottesdiensten und auch im gewöhnlichen Gottesdienst vorstellen, sogleich Anklang fanden und die Gemeinde spontan mitsang und zu späteren Anlässen die Lieder erneut wünschte. Alle Lieder können mit Instrumenten begleitet werden, wobei alle Instrumente, die von den Kindern beherrscht werden, eingesetzt werden dürfen. Zu den Liedern kann man klatschen, schnalzen, patschen, stampfen und hüpfen.

Um Eltern und Erziehern, die Gitarre spielen, eine zusätzliche Hilfe zu geben, hat Inge Lotz vielen Liedern die entsprechenden Gitarrengriffe hinzugefügt. Lediglich den Kinderchoral „Jesus Christus, hör uns an" (Nr. 63) haben wir in der Fassung übernommen, daß er von einem Posaunenchor begleitet werden kann, weil wir in einem Familiengottesdienst das Lied in dieser Weise einsetzen.

Neben den vielen neuen einfachen Liedern bringt die Sammlung erstmal auch die sonst nur verstreut auffindbaren Sammlungen für Liedmessen usw. von Gertrud Lorenz.

Das Liedangebot wurde nach folgenden Themen geordnet:

1. Lieder zum Kirchenjahr
2. Lieder zum Tagesablauf, die neben Lob- und Dankliedern auch Themen des mitmenschlichen Zusammenlebens aufzeigen und Gottes Schöpfung beispielhaft vorstellen,
3. Lieder, die im Gottesdienst gesungen werden können, dazu Liedfolgen zu Kindergottesdiensten, Kindermessen, Familiengottesdiensten usw.
4. Lieder zur Bibel, wobei vornehmlich Stoffe des Neuen Testamentes berücksichtigt wurden.

Hundert weitere Lieder und Spiellieder zum Alten und Neuen Testament sind bereits erschienen in „Regenbogen bunt und schön", Kaufmann, Lahr – Kösel, München.

Über den methodisch-didaktischen Einsatz der Lieder gibt meine „Methodik der religiösen Erziehung Geistigbehinderter" (Kaufmann Verlag, Lahr und Kösel-Verlag, München) detaillierte Auskunft.

Als wir die Lieder erprobten, haben wir viel Freude dabei erfahren dürfen. Besonders deshalb, weil Kinder spontan mitsangen und mitspielten und mit ihrer Spontaneität die Erwachsenen ansteckten und in das gemeinsame Singen und Spielen einbezogen. Wir wünschen Ihnen ebenso viel Freude dabei:

Kommt alle und freut euch,
klatscht in die Hände!
Kommt alle und freut euch,
Gott hat uns lieb!

Rolf Krenzer

1. Es brennt die erste Kerze

1. Es brennt die er-ste Ker-ze im schö-nen Ad-vent. Bald hat der Herr Ge-burts-tag. Die Ker-ze, sie brennt.

2. Es brennt die zweite Kerze
   im schönen Advent.
   Bald hat der Herr Geburtstag.
   Die Kerze, sie brennt.

3. Es brennt die dritte Kerze
   im schönen Advent.
   Bald hat der Herr Geburtstag.
   Die Kerze, sie brennt.

4. Es brennt die vierte Kerze
   im schönen Advent.
   Bald hat der Herr Geburtstag.
   Die Kerze, sie brennt.

5. Es brennen alle Kerzen
   am End' des Advent.
   Jetzt hat der Herr Geburtstag.
   Das Weihnachtslicht brennt.

Melodie und Text: Gertrud Lorenz; 5. Strophe: Rolf Krenzer

2. Unser Licht ist hell

1. Unser Licht ist hell. Al-le sollen es se-hen. Unser Licht ist hell.

2. Unser Licht ist schön.
   Alle sollen es wissen.
   Unser Licht ist schön.

3. Unser Licht macht froh.
   Alle sollen sich freuen.
   Unser Licht macht froh.

4. Unsre Kerze brennt.
   Alle sollen sie sehen.
   Unsre Kerze brennt.

Das Lied kann zu vielen Gelegenheiten gesungen werden, z.B. im Advent, zu Weihnachten, zu Ostern, zu Geburtstagen.

Melodie und Text: Gertrud Lorenz, aus: Hilfen für die religiöse Unterweisung geistigbehinderter Kinder. Deutscher Katecheten-Verein, München. O. J.

3. Im Advent, da singen wir

1. Im Ad-vent, da sin-gen wir, denn bald ist die Weihnacht da.
Wenn die er-ste Ker-ze brennt, ist das schö-ne Fest schon nah.

2. Im Advent, da singen wir,
   (Im Advent, da basteln wir)
   denn bald ist die Weihnacht da.
   Wenn die zweite Kerze brennt,
   ist das schöne Fest schon nah.

3. Im Advent, da singen wir,
   (Im Advent, da warten wir)
   denn bald ist die Weihnacht da.
   Wenn die dritte Kerze brennt,
   ist das schöne Fest schon nah.

4. Im Advent, da singen wir,
   (Im Advent, da freun wir uns)
   denn bald ist die Weihnacht da.
   Wenn die vierte Kerze brennt,
   ist das schöne Fest ganz nah.

Melodie und Text: Gertrud Lorenz

4. Der Weg war so weit

2. Der Weg war so weit, der Weg war so schwer.
   Maria ist müde. Sie kann nicht mehr. Oh nein, oh nein,
   ihr kommt nicht herein! Zieht weiter, zieht weiter! Ein Stall muß es sein!

3. Der Weg war so weit, der Weg war so schwer.
   Im Stalle geboren ist Jesus der Herr. Oh ja, oh ja,
   der Herr ist so nah. Kommt näher, kommt näher und schaut, was geschah!

4. Der Weg war so weit, der Weg war so schwer.
   Es kommen die Leute von überall herr. Oh ja, oh ja,
   der Herr ist so nah. Kommt näher, kommt näher, denn Jesus ist da!

Zu dem Lied ziehen Maria und Josef im Kreis herum. Sie halten vor den Gasthäusern an und werden weitergeschickt, bis sie zu dem Stall kommen. Sie setzen sich zu der Krippe und nach und nach kommen alle herbei und stellen sich um die Krippe herum. Zu dem Spiel können auch Häuser (Pappe, Holz) hergestellt werden, aus denen jeweils ein Mitspieler heraustritt und Maria und Josef weiterschickt.

Melodie: Wolfgang Schult / Text: Rolf Krenzer

5. Josef und Maria finden einen warmen Stall

1. Jo-sef und Ma - ri - a fin-den ei-nen warmen Stall, wo das Kind ge - bo-ren wird. 1. Der Stern am Him - mel der strahlt hell.

2. Josef und Maria finden einen warmen Stall, wo das Kind geboren wird.
   Die Engel singen wunderschön.

3. Josef und Maria finden einen warmen Stall, wo das Kind geboren wird.
   Die Hirten kommen zu Besuch.

4. Josef und Maria finden einen warmen Stall, wo das Kind geboren wird.
   Die klugen Männer kommen auch. (Die weisen Männer kommen auch).

5. Josef und Maria finden einen warmen Stall, wo das Kind geboren wird.
   Das Kind im Stall ist Gottes Sohn.

Zum Lied können die einzelnen Szenen gespielt oder pantomimisch dargestellt werden.

Melodie und Text: Gertrud Lorenz / 5. Strophe: Rolf Krenzer

6. Komm mit mir

Komm mit mir, komm mit mir, wir gehen zum Stall. Komm mit mir, komm mit mir, wir freuen uns all. Dem Kind in der Krippe, dem schenken wir heut, was schön ist, was gut ist, damit es sich freut. Komm

Einer: Komm mit mir,
komm mit mir!
Wir gehen zum Stall.
Komm mit mir,
komm mit mir!
Wir freuen uns all.

Er geht auf einen Mitspieler zu und bleibt vor ihm stehen.

Alle: Dem Kind in
der Krippe
dem schenken wir heut,
was schön ist,
was gut ist,
damit es sich freut.

Der erste Spieler fragt den Mitspieler: „Was willst du dem Kind schenken?"
Der zweite Spieler zeigt sein Geschenk und benennt es. Der erste Spieler nimmt ihn an der Hand und beide gehen zusammen und singen:

Komm mit mir ... usw.

Beide Spieler ziehen einen dritten Mitspieler in das Spiel ein. Es folgen immer mehr, so daß am Schluß alle in einer langen Reihe mitgehen.
Zum Schluß bleiben alle vor der Krippe stehen, legen ihre Geschenke vor der Krippe ab, stellen sich im Halbkreis auf und singen gemeinsam.

Melodie: Inge Lotz, Text: Rolf Krenzer, aus: Hast du unsern Hund gesehen?,
Verlag Ernst Kaufmann, Lahr und Kösel-Verlag, München.

7. Im Stall liegt das Kind

Im Stall liegt das Kind hier auf Heu und auf Stroh. Der Herr ist ge-bo-ren. Wir sind al-le froh.

Das Kind in
der Krippe,
es heißt Jesus Christ.

Wir freun uns,
weil heut sein
Geburtstag ist.

Melodie: Inge Lotz, Text: Rolf Krenzer

8. Weihnacht ist da

1. Weih-nacht ist da. Je-su Fest ist da. Freu-et euch, ihr Klei-nen! Freu-et euch, ihr Gro-ßen! Weihnacht ist da. Je-su Fest ist da.

2. Weihnacht ist da.
Jesu Fest ist da.
Schenket was, ihr Kleinen!
Schenket was, ihr Großen!
Weihnacht ist da.
Jesu Fest ist da.

3. Weihnacht ist da.
Jesu Fest ist da.
Singet laut, ihr Kleinen!
Singet laut, ihr Großen!
Weihnacht ist da.
Jesu Fest ist da.

Melodie und Text: Gertrud Lorenz

9. Ein Kind hat Geburtstag

2. Kennt ihr seinen Namen, oh Herr?
   Jesus ist sein Name: Gott, mein Herr.
   Refrain: Ein Kind hat Geburtstag, oh Herr.
   Es kommen alle Leute. Alle freuen sich.

3. Wo ist er geboren, oh Herr?
   In dem Stall geboren: Gott, mein Herr.
   Refrain: Ein Kind hat Geburtstag, oh Herr.
   Es kommen alle Leute. Alle freuen sich.

4. Wo hat er gelegen, oh Herr?
   Auf dem Stroh gelegen: Gott, mein Herr.
   Refrain: Ein Kind hat Geburtstag, oh Herr.
   Es kommen alle Leute. Alle freuen sich.

5. Wer will zu ihm kommen, oh Herr?
   Alle wollen kommen: Gott, mein Herr.
   Refrain: Ein Kind hat Geburtstag, oh Herr.
   Es kommen alle Leute. Alle freuen sich.

Spiritual / neuer Text: Rolf Krenzer

10. Herr Jesus, du hast Geburtstag

2. Herr Jesus, du hast Geburtstag,
und wir freuen uns ja so sehr.
Und wir hüpfen schnell im Kreise,
singen eine frohe Weise:
Tralalalala, Weihnachten ist da!

3. Herr Jesus, du hast Geburtstag,
und wir freuen uns ja so sehr.
Und wir tanzen rund im Kreise,
singen eine frohe Weise:
Tralalalala, Weihnachten ist da!

Melodie und Text: Gertrud Lorenz

11. Jesus ist geboren

2. Jesus ist geboren.
Wir wollen Freude machen
und schenken schöne Sachen,
und schenken schöne Sachen.

3. Jesus ist geboren.
Wir wollen fröhlich singen
und ihm ein Loblied bringen,
und ihm ein Loblied bringen.

Melodie und Text: Gertrud Lorenz

12. Kommet ihr Hirten all

2. Kommet ihr Hirten all, kommet schnell her zum Stall.
   Die Mutter hält's im Arm. Da hat's das Kindlein warm.

3. Kommet ihr Hirten all, kommet schnell her zum Stall.
   Tanzet dem Kindlein vor. Singet ihm was ins Ohr.

4. Kommet ihr Hirten all, kommet schnell her zum Stall.
   Da schläft das Kind jetzt ein. Drum müßt ihr leise sein.

5. Kommet ihr Hirten all, kommet schnell her zum Stall.
   Ruft's in die Welt hinein: Jesus wird Retter sein.

6. Kommet ihr Hirten all, kommet schnell her zum Stall.
   Jeder darf mit uns gehn. Jeder darf Jesus sehn.

Melodie: Gertrud Lorenz / Text: Gertrud Lorenz und Rolf Krenzer

13. Alle wolln zum Stall hingehn

2. Alle wolln zum Stall hingehn.
   Alle wollen Jesus sehn.
   Auf dem Stroh arm und klein.
   Kommt herzu, tretet ein.
   Alle wissen es schon:
   Jesus ist Gottes Sohn.
   Drum wolln wir zum Stall hingehn.
   Drum wollen wir Jesus sehn.

Melodie: russisches Kinderlied / neuer Text: Rolf Krenzer

14. Die Welt ist froh

1. Die Welt ist froh. Ein Kind ist geboren. Es kam in einem Stall zur Welt. Das Jesuskind.

2. Die Welt ist froh.
   Ein Kind ist geboren.
   Es bringt die Liebe in die Welt.
   Das Jesuskind.

3. Die Welt ist froh.
   Ein Kind ist geboren.
   Es bringt die Freude in die Welt.
   Das Jesuskind.

Melodie: Gertrud Lorenz / Text: Gertrud Lorenz und Rolf Krenzer

15. Jesus, wir grüßen dich

1. Je-sus, wir grü-ßen dich. Wir grü-ßen dich, und wir kom-men heut zur Krip-pe.
(Wir singen von ferne)

2. Jesus, wir grüßen dich.
   Wir grüßen dich,
   und wir gehen wie die Hirten.   *(Wir gehen zur Krippe)*

3. Jesus, wir grüßen dich.
   Wir grüßen dich,
   und wir hüpfen wie die Jungen.   *(Wir hüpfen vor der Krippe)*

4. Jesus, wir grüßen dich.
   Wir grüßen dich,
   und wir stampfen wie die Alten.   *(Wir stampfen vor der Krippe)*

5. Jesus, wir grüßen dich.
   Wir grüßen dich,
   und wir tanzen wie die Kinder.   *(Wir drehen uns vor der Krippe um uns selbst)*

6. Jesus, wir grüßen dich.
   Wir grüßen dich,
   und wir neigen uns zum Boden.   *(Wir verbeugen uns tief zur Krippe hin)*

7. Jesus, wir grüßen dich.
   Wir grüßen dich,
   und wir singen voller Freude.   *(Wir klatschen zu dem Lied)*

Melodie und Text: Gertrud Lorenz, aus: Hilfen für die religiöse Unterweisung geistigbehinderter Kinder. Deutscher Katecheten-Verein, München.   O. J.

16. Wir wollen heut Weihnachten feiern

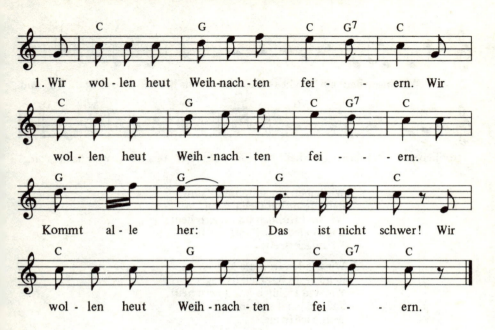

2. Wir wollen von Jesus erzählen. ...
3. Wir wollen ein Krippenspiel spielen. ...
4. Wir wollen den Weihnachtsbaum schmücken. ...
5. Wir wollen Geschenke verpacken. ...
6. Wir wollen die Kerzen anzünden. ...
7. Wir wollen Geschenke auspacken. ...
8. Wir wollen ein Weihnachtslied singen. ...

Das Lied regt zu kleinen Tätigkeiten an und kann jeweils als verbindende Strophe wieder eingesetzt werden.

Melodie: Inge Lotz / Text: Rolf Krenzer

17. Wir singen heut ein frohes Lied

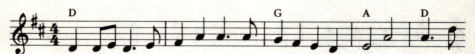

1. Wir singen heut ein fro-hes Lied, denn Je-sus hat Ge-burtstag. Wir sind

fröhlich und fei-ern heut, daß ein jeder sich mit uns freut: Weihnachtszeit.

2. Wir haben einen bunten Baum,
   denn Jesus hat Geburtstag.
   Wir sind fröhlich und feiern heut,
   daß ein jeder sich mit uns freut:
   Weihnachtszeit.

3. Wir zünden froh die Kerzen an,
   denn Jesus hat Geburtstag.
   Wir sind fröhlich und feiern heut,
   daß ein jeder sich mit uns freut:
   Weihnachtszeit.

4. Wir wünschen: Freut euch alle mit,
   denn Jesus hat Geburtstag.
   Wir sind fröhlich und feiern heut,
   daß ein jeder sich mit uns freut:
   Weihnachtszeit.

Melodie: Gertrud Lorenz, Text: Gertrud Lorenz, bearb. Rolf Krenzer

18. Wir sind die drei Könige

Alle:	Wir sind die drei Könige. Das ist der Stern. Wir kommen weit her, denn wir suchen den Herrn!
Einer:	Mein Name ist Balthasar. Das ist der Stern.
Alle:	Wir kommen weit her, denn wir suchen den Herrn!
Einer:	Mein Name ist Melchior. Das ist der Stern.
Alle:	Wir kommen weit her, denn wir suchen den Herrn!
Einer:	Und ich heiße Kaspar und das ist der Stern.
Alle:	Wir kommen weit her, denn wir suchen den Herrn!
Alle:	Wir sind die drei Könige. Das ist der Stern. Wir kommen weit her, denn wir suchen den Herrn!

Mit jeder Strophe stellt sich einer der drei Könige vor. Die drei Könige wandern hinter dem Stern her, der ihnen den Weg zeigt (Wir basteln gemeinsam einen großen Goldstern und befestigen ihn an einem Stock). Natürlich darf jeder einmal den Stock mit dem Stern tragen. Die Könige wandern im Kreis und bleiben immer vor anderen stehen. Sie fragen: „Ist hier der Herr geboren?" Erst wenn sie da sind, wo die Krippe steht, knien sie nieder.
Besondere Freude macht es, wenn man eine andere Gruppe besuchen darf und dort mit Hilfe des Erziehers das Dreikönigslied vortragen kann.

Melodie: Rolf Krenzer / Text: Rolf Krenzer

19. Hinter dem Stern her

2. Wir suchen heute,
   wir suchen heute
   nach Gottes Sohn, dem starken Held.
   Sagt uns, ihr Leute,
   sagt uns, ihr Leute,
   wo ist geborn der Herr der Welt?

3. Der Stern bleibt stehen,
   der Stern bleibt stehen
   über dem Stall am Himmelszelt.
   Jeder darf sehen,
   jeder darf sehen:
   Hier ist geborn der Herr der Welt!

Alle: Leider, leider,
er ist nicht hier!

Könige: Weiter, weiter
ziehen wir!

Melodie: Wolfgang Schult / Text: Rolf Krenzer

Die Sternsinger gehen mit ihrem Stern (Stern auf einem Stock) im Kreis herum. Nach einer Strophe bleiben sie stehen, und die Spieler im Kreis singen: „Leider, leider, er ist nicht hier!" Die Könige bedanken sich: „Weiter, weiter ziehen wir!" und ziehen weiter im Kreis herum. Zum Schluß bleiben sie vor der Krippe stehen. Alle anderen kommen hinzu und stellen sich im Kreis um die Krippe auf. Dann wird die letzte Strophe noch einmal gesungen.

20. Jesus kommt nach Jerusalem

Melodie und Text: Gertrud Lorenz

21. Vor dem Abendmahl

2. Vor dem Abendmahl wäscht Jesus ihre Füße
   und sagt zu seinen Freunden: Seht, was ich tu,
   und tut das auch. Tut den Menschen Gutes.

Melodie und Text: Gertrud Lorenz

22. Mit all seinen Freunden

2. Sie sitzen am Tisch. Er nimmt Brot
   in seine Hände und dankt Gott.

3. Jesus sagt: Seht, das ist mein Leib.
   Eßt, daß ich immer bei euch bleib.

4. Jesus sagt: Das ist mein Blut.
   Trinkt, daß mein Segen auf euch ruht.

5. Feiert oft, sagt zuletzt dann der Herr.
   Denkt an mich, denn ich liebe euch sehr.

Melodie und Text: Gertrud Lorenz / bearb. Inge Lotz

23. Jesus, du bist so gut

2. Jesus, du bist so gut,
   aber die Menschen schlagen dich mit Ruten.

3. Jesus, du bist so gut,
   aber die Menschen tun dir weh mit Dornen.

4. Jesus, du bis so gut,
   aber die Menschen hängen dich am Kreuz auf.

Melodie und Text: Gertrud Lorenz

24. Jesus lädt uns alle ein

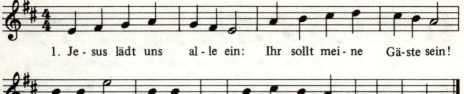

1. Jesus lädt uns alle ein: Ihr sollt meine Gäste sein! Tretet ein! Tretet ein! Eßt das Brot und trinkt den Wein!

2. Jesus Christus, Gottes Sohn,
   lädt uns ein. Wir kommen schon.
   Tretet ein! Tretet ein!
   Eßt das Brot und trinkt den Wein!

3. Dieses Brot macht jeden satt,
   der jetzt großen Hunger hat.
   Tretet ein! Tretet ein!
   Eßt das Brot und trinkt den Wein!

4. Jesus lädt uns alle ein:
   Ihr sollt meine Gäste sein!
   Tretet ein! Tretet ein!
   Eßt das Brot und trinkt den Wein!

Auf dem Tisch ist das Mahl vorbereitet. Während wir singen, gehen wir zu dem Tisch, lassen uns Wein (Saft) und Brot (Gebäck) reichen, nehmen, geben es weiter.
Das Lied kann auch zum Abschluß der Geschichte vom Zachäus (Darbietung oder Spiel) in der Gruppe und im Gottesdienst eingesetzt werden: Jesus lädt alle zum Festmahl ein.

Melodie: Wolfgang Schult / Text: Rolf Krenzer

25. Laßt hell die Glocken klingen

1. Laßt hell die Glocken klingen, laßt laut die Glocken singen. Sie loben Jesus Christ, der auferstanden ist.

2. Am Freitagabend haben sie unseren Herrn begraben.
   Hell klingt es von weit her: Er lebt! Das Grab ist leer!

Melodie: Gerard van Hulst, aus Job Heeger / Gerard van Hulst, Sing mit mir,
Agentur des Rauhen Hauses, Hamburg. Text: Rolf Krenzer.

26. Als Jesus gestorben war

1. Als Jesus gestorben war, strahlt in der Nacht kein Stern. Vorbei war alle Freude. Da weinten alle Leute. Sie weinten um den Herrn.

2. Als Jesus gestorben war,
da war die Welt so leer.
Die Großen und die Kleinen,
die konnten nur noch weinen.
Sie hatten ihn nicht mehr.

3. Als Jesus aufgestanden war,
da war er nicht mehr tot!
Ihr Großen und ihr Kleinen,
ihr braucht nicht mehr zu weinen!
Vorbei ist alle Not!

Melodie: Inge Lotz / Text: Rolf Krenzer

27. Freut euch alle, Jesus lebt

1. Freut euch alle, Jesus lebt. Gott hat ihm gegeben nach dem Tod das Leben. Freut euch alle, Jesus lebt. Jesus lebt. Jesus lebt.

2. Freut euch alle, Jesus lebt.
Gott wird auch uns geben
nach dem Tod das Leben.
Freut euch alle, Jesus lebt.
Jesus lebt. Jesus lebt.

Melodie und Text: Gertrud Lorenz

28. Kommt, wir singen Halleluja

2. Klatscht vor Freude in die Hände,
denn der Herr Jesus lebt.

3. Spielt auf allen Instrumenten,
denn der Herr Jesus lebt.

4. Reicht den andern eure Hände,
denn der Herr Jesus lebt.

5. Faßt euch an und tanzt im Kreise,
denn der Herr Jesus lebt.

Alle Anregungen werden in ein Kreisspiel umgesetzt, das auch im Gottesdienst mit der ganzen Gemeinde gesungen werden kann.

Melodie: Gertrud Lorenz / Text: Gertrud Lorenz und Rolf Krenzer

29. Der Herr ist auferstanden

2. Der Tod ist überwunden, und es ist alles gut.
Wir freuen uns von Herzen, denn Jesus, Jesus lebt.

Für stärker Geistigbehinderte lediglich die 1. Strophe:

Der Herr ist aufgestanden. Gott hat ihn aufgeweckt.
Wir freuen uns von Herzen, denn Jesus, Jesus lebt.

Melodie und Text: Gertrud Lorenz

30. Unser Freund heißt Jesus Christ

1. Stehn wir früh am Morgen auf, gehn wir spät zur Ruh, beten wir zu unserm Herrn, und er hört uns zu.

Refrain: Unser Freund heißt Jesus Christ, weil er immer bei uns ist. Montag, Dienstag, Mittwoch, Donnerstag und Freitag, ja, Samstag und dann Sonntag. Immer ist er da!

2. Wenn wir einmal traurig sind,
   drückt uns unser Schuh,
   beten wir zu unserm Herrn,
   und er hört uns zu.

3. War der Tag voll Sonnenschein,
   Freude immerzu,
   beten wir zu unserm Herrn,
   und er hört uns zu.

4. Wenn wir alle Freunde sind,
   fällt es uns nicht schwer:
   Ich helf dir und du hilfst mir.
   So will's unser Herr.

Melodie: Inge Lotz / Text: Rolf Krenzer

31. Jesus sagt zu allen

2. Jesus sagt zu allen und zu dir und mir:
   Tröstet den, der traurig ist, helft dazu, daß Friede ist.
   Das ist mein Auftrag an euch.

Melodie und Text: Gertrud Lorenz

32. Der Bauer sät

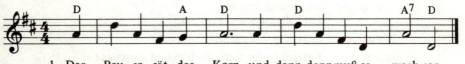

2. Der Bauer mäht das Korn,
   und dann wird es gedroschen.

3. Vom Müller kommt das Mehl,
   und dann wird Brot gegessen.

Die einzelnen Tätigkeiten werden in Pantomime gezeigt und gemeinsam ausgeführt:

zu 1: Korn streuen – sich klein machen und dann groß werden = wachsen.

zu 2: Wie mit der Sense mähen – auf das Korn einschlagen = es dreschen.

zu 3: Einen schweren Mehlsack auf den Rücken nehmen – ihn wieder abstellen,
      Geste des Brots aus der einen Hand Nehmens und Essens.

Melodie und Text: Gertrud Lorenz

33. Seht, was wir geerntet haben

Alle singen: Seht, was wir ge-ern-tet ha-ben! Gott, wir dan-ken dir da-für. Und wir brin-gen dei-ne Ga-ben. Al-les ha-ben wir von dir. Und wir dir.

    1. Spieler: Ich bringe eine Gurke.
                  Ich esse gerne Gurkensalat.

    Alle singen: Seht, was wir geerntet haben ...

    2. Spieler: Das ist ein Apfel.
                  Aus Äpfeln gibt es Apfelsaft.

    Alle singen: Seht, was wir geerntet haben ...

    3. Spieler: Ich bringe Pflaumen.
                  Morgen backen wir einen Pflaumenkuchen.

    Alle singen: Seht, was wir geerntet haben ...

    4. Spieler: Zwei dicke Birnen.
                  Ich habe sie selbst gepflückt!

    Alle singen: Seht, was wir geerntet haben ...

    5. Spieler: Kartoffeln für Kartoffelbrei und Pommes Frites

    Alle singen: Seht, was wir geerntet haben ...
                  usw.

Wenn alle Spieler ihre Gaben zum Altar gebracht haben, tritt der Spielleiter vor.

    Spielleiter: Kommt heran, kommt heran.
                  Schaut die vielen Früchte an.
                  Reichlich ist der Tisch gedeckt.
                  Nehmt, damit es allen schmeckt!

Er teilt und schneidet die Früchte und gibt jedem etwas. Das Austeilen der Früchte geht über die Spieler hinaus und bezieht alle, die sich im Raum befinden, mit ein. Jeder darf von den Früchten probieren. Wenn alle etwas erhalten haben, wird das Lied gemeinsam gesungen.

Melodie: russ. Kinderlied / Text: Rolf Krenzer

34. Wir danken Gott für alles

Refrain:
Wir danken Gott für alles,
was wir geerntet haben
und bringen dir zu deinem Tisch
die allerbesten Gaben.
Bringen alles zu dir
und danken dir dafür.

Verse:
2. Von den Bäumen Obst und Nüsse,
aus dem Garten das Gemüse,
bringen alles zu dir
und danken dir dafür.

3. Unser Korb ist voll beladen
mit Kartoffeln und Tomaten,
bringen alles zu dir
und danken dir dafür.

4. Aus den Gärten und den Wäldern,
von den Wiesen und den Feldern,
bringen alles zu dir
und danken dir dafür.

5. Herr, wir haben satt zu essen.
Dürfen den jetzt nicht vergessen,
der kein Essen mehr hat
und der niemals wird satt.

Wir singen den Refrain gemeinsam. Zu jedem neuen Vers bringen Kinder die Gaben zu dem Altar und stellen sie dort auf. Anschließend stellen sie sich im Halbkreis um den Altar herum auf. Immer mehr Kinder kommen hinzu.

Melodie: Wolfgang Schult / Text: Rolf Krenzer

35. Das Korn wird gesät

1. Das Korn wird gesät.
   Das Korn wird gesät,
   damit nach dem Säen die Saat bald aufgeht.
   (Wir zeigen mit beiden Händen einen Sack voll Körner und füllen ihn dann in die Maschine, die sät.)

   Refrain: Schenk uns, Herr,
   schenk uns, Herr,
   schenk uns, Herr, das tägliche Brot.
   Hilf uns, Herr,
   hilf uns, Herr,
   hilf uns, Herr, sonst leiden wir Not.

2. Das Korn wächst heran.
   Das Korn wächst heran.
   Es bilden sich Ähren voll Körner daran.
   (Wir zeigen, wie das Korn wächst. Wir machen uns ganz klein. Dann werden wir größer und größer. Schließlich haben wir eine dicke Ähre voller Körner. Wir bilden sie mit den Händen über unserem Kopf.)

3. So reif ist das Korn.
   So reif ist das Korn.
   Die Ernte beginnt, und es geht nichts verlorn.
   (Wir legen die Hand an die Stirn und schauen umher, wie gut die Ernte steht.)

4. Die Ernte beginnt.
   Die Ernte beginnt.
   Der Mähdrescher schneidet und drischt ganz geschwind.
   *(Wir zeigen mit beiden Händen und Armen, wie das Korn abgeschnitten wird.
   Wir zeigen mit allen Fingern, wie die Körner in den Sack rieseln.)*

5. Zur Mühle hinein!
   Zur Mühle hinein!
   Das Korn wird gemahlen zu Mehl weiß und rein.
   (Die Mehlsäcke werden mit Mehl befüllt, anschließend zugebunden.)

6. Die Säcke füllt schnell!
   Die Säcke füllt schnell!
   Es braucht doch der Bäcker zum Backen das Mehl.
   (Die Mehlsäcke werden auf den Wagen geladen und zum Bäcker gebracht und dort heruntergenommen, schwere Mehlsäcke schleppen.)

7. Er knetet es fein.
   Er knetet es fein.
   und schiebt in den Ofen die Brote hinein.
   (Wir schöpfen Mehl aus dem Sack, mischen einen Teig, kneten ihn und formen einen Brotlaib und schieben ihn in den Backofen.)

8. Das Brot kommt heraus.
   Das Brot kommt heraus.
   Wir kaufen und tragen das Brot dann nach Haus.
   (Wir holen das Brot aus dem Backofen, kaufen es und packen es in die Einkaufstasche.)

9. Wer Hunger jetzt hat,
   wer Hunger jetzt hat,
   der ißt von dem Brot. Und wir werden all satt.
   (Wir schneiden das Brot auf und beißen hinein.)

Alle Spielanleitungen können gestisch bzw. pantomimisch ausgeführt werden.

Spielanleitungen: Gertrud Lorenz

Melodie: Inge Lotz / Text: Rolf Krenzer

36. Wir haben dir zu danken

1.–3. Wir haben dir zu danken, du guter Gott, für viele gute Dinge und das täglich Brot. 1. Es gibt Äpfel. Es gibt Birnen. Es gibt Pflaumen und Bananen und die Nuß. Dank sei dir Gott dafür.

    2. Wir haben dir zu danken, du guter Gott,
       für viele gute Dinge und das täglich Brot.
       Es gibt Rüben.
       Es gibt Gurken.
       Es gibt Birnen
       und Kartoffeln
       und Salat.
       Dank sei dir Gott dafür.

    3. Wir haben dir zu danken, du guter Gott,
       für viele gute Dinge und das täglich Brot.
       Es gibt Kaffee.
       Es gibt Kakao.
       Es gibt Trauben
       und Orangen
       und den Tee.
       Dank sei dir Gott dafür.

Melodie und Text: Gertrud Lorenz

37. Ich baue mir eine Laterne

1. Ich baue mir eine Laterne und geh in die Nacht hinaus. Sie leuchtet so weit in die Ferne. Laternenlicht, lösche nicht aus!

2. Sag, hast du auch eine Laterne?
Komm mit in die Nacht hinaus.
Sie leuchtet so weit in die Ferne.
Laternenlicht, lösche nicht aus!

3. So geh ich mit meiner Laterne
und sing das Laternenlied.
Und alle, die folgen mir gerne.
So singen wir alle laut mit.

Laternenlied zum Laternenumzug, auch als Kreisspiel. Einer geht mit einer Laterne im Kreis herum. Nach und nach schließen sich die anderen an.

Melodie: Wolfgang Schult / Text: Rolf Krenzer

38. Eine Laterne leuchtet

1. Eine Laterne leuchtet von ferne, mit hellem Schein, in die dunkle Nacht hinein.

2. Eine Laterne
leuchtet von ferne.
Sie geht jetzt aus.
Alle Leute gehn nach Haus.

3. Meine Laterne
leuchtet so gerne.
Und morgen dann
zünden wir sie wieder an.

Melodie: Inge Lotz / Text: Rolf Krenzer

LIEDER
ZUM TAGESABLAUF

39. Warum bin ich froh?

Melodie: Gerard van Hulst, aus Job Heeger / Gerard van Hulst, Sing mit mir,
Agentur des Rauhen Hauses, Hamburg. Text: Rolf Krenzer.

40. Herr, wir freuen uns, der Tag ist schön

2. Herr, wir freuen uns; der Tag ist schön.
   Schön ist es, Morgen und Abend zu sehn.
   Schön ist's, zu schlafen und aufzustehn.

   Herr, wir freuen uns;
   der Tag ist schön.
   Herr, wir freuen uns;
   der Tag ist schön.

Melodie und Text: Gertrud Lorenz

41. Ein neuer Tag hat angefangen

Melodie: Gerard van Hulst, aus Job Heeger / Gerard van Hulst, Sing mit mir, Agentur des Rauhen Hauses, Hamburg. Text: Rolf Krenzer.

42. Gott gibt einen neuen Tag

2. Horch, der Vogel singt sein Lied, guten Morgen!
   Und ein jeder singt gern mit: „Guten Morgen!"

3. Alle Leute, groß und klein, guten Morgen,
   stimmen freudig mit uns ein: „Guten Morgen!"

4. Daß ein jeder fröhlich sag', guten Morgen,
   Lob und Dank für diesen Tag, guten Morgen.

Melodie: Hanna Schernau / Text 1. Strophe: Hanna Schernau, 2.–4. Strophe: Rolf Krenzer

43. Heut ist ein schöner Morgen

1. Heut ist ein schö-ner Mor-gen, die Son-ne lacht zum Fenster her-ein, drum laßt uns den lie-ben Gott lo-ben und fröhlich sein.

2. Heut ist ein heller Morgen.
   Wir dürfen froh und glücklich sein.
   Drum laßt uns den lieben Gott loben
   und fröhlich sein.

3. Heut ist ein trüber Morgen.
   Der Regen regnet sacht und fein.
   Doch laßt uns den lieben Gott loben
   und fröhlich sein.

4. Heut ist ein kalter Morgen.
   Die Kälte zieht zur Tür herein.
   Doch laßt uns den lieben Gott loben
   und fröhlich sein.

Melodie und Text: Gertrud Lorenz

44. Es regnet

1. Es reg-net, es reg-net, und al-les wird naß, die Bäu-me, die Blu-men, die Tie-re, das Gras.

2. Es regnet, es regnet, dann gibt's keine Not.
   Schnell wachsen Kartoffeln und Korn für das Brot.

Melodie: überliefert / Text: 1. Strophe: überliefert, 2. Strophe: Rolf Krenzer

45. Liebe, liebe Sonne

1. Lie-be, lie-be Son-ne, schei-ne doch recht hell,
ja-ge fort die Wol-ken, komm her-vor ganz schnell!

2. Lieber Gott im Himmel, für den Sonnenschein
wollen wir dich loben und dir dankbar sein.

Melodie: überliefert / Text: 1. Strophe: überliefert, 2. Strophe: Rolf Krenzer

46. Wir haben ein Geburtstagslied

1. Wir ha-ben ein Ge-burts-tags-lied für dich uns aus-ge-dacht. Wir sin-gen es und freu-en uns, wenn es dir Freude macht.

2. Wir singen laut und singen schön
jetzt das Geburtstagslied.
Und wenn dir unser Lied gefällt,
dann singe einfach mit.

3. Wir wünschen dir fürs neue Jahr
Gesundheit und viel Glück.
Und wenn du für uns Kuchen hast,
nimmt jeder gern ein Stück.

4. Wir geben uns die Hände nun
und wollen dankbar sein,
daß wir so froh und lustig sind
und uns zusammen freun.

5. Wir danken alle Gott dafür,
daß er uns nicht vergißt.
Wir danken ihm für jeden Tag
und daß er bei uns ist.

Melodie: Inge Lotz / Text: Rolf Krenzer

47. Ich gebe dir die Hand

1. Ich gebe dir die Hand und wünsch dir alles Gute. Gott geb dir alles Gute, das wünsche ich dir sehr.

2. Ich gebe dir die Hand
und wünsche dir viel Freude.
Gott gebe dir viel Freude,
das wünsche ich dir sehr.

3. Ich gebe dir die Hand
und wünsche dir Gesundheit.
Gott gebe dir Gesundheit,
das wünsche ich dir sehr.

Melodie und Text: Gertrud Lorenz

48. Milch und Butter, Obst und Brot

1. Milch und Butter, Obst und Brot. Herr, wir leiden keine Not. Dafür sollen groß und klein jeden Morgen dankbar sein!

Melodie: Gerard van Hulst, aus Job Heeger / Gerard van Hulst, Sing mit mir, Agentur des Rauhen Hauses, Hamburg. Text: Rolf Krenzer.

49. Lieber Gott, wir danken dir für das Brot

2. Lieber Gott, wir danken dir für das Bett. ...
3. Lieber Gott, wir danken dir für den Stuhl. ...
4. Lieber Gott, wir danken dir für die Milch. ...
5. Lieber Gott, wir danken dir für den Pullover. ...
6. Lieber Gott, wir danken dir für das Spiel. ...
7. Lieber Gott, wir danken dir für den neuen Tag. ...
8. Lieber Gott, wir danken dir, daß die Sonne scheint. ...
   Amen, Amen, Amen.

Melodie und Text: Rolf Krenzer

50. Alle Vögel sollen singen

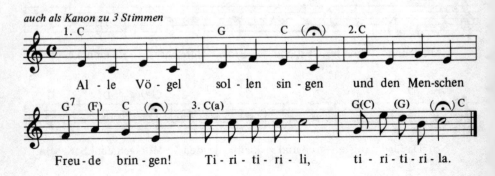

Melodie und Text: Harro Torneck, aus Liederringelreihen, Hüllenhagen & Griehl-Verlag, Hamburg.

51. Kleine Meise

Klei-ne Mei - se, klei-ne Mei - se, sag wo kommst du denn her? Su-che Fut - ter, su-che Fut - ter, a - ber al - les ist leer.

Wir lernen erst gemeinsam und dann in getrennten Rollen zu antworten:

> Suche Futter, suche Futter,
> aber alles ist leer!

Beim Sprechen sollte man schon auf einen festen, der Melodie entsprechenden Rhythmus achten, desto leichter kann man nach mehrmaliger Wiederholung zum Singen übergehen. Da die Meise Hunger hat, machen wir aus Knetton ein paar kleine Körner, streuen sie hin, spielen und lernen dabei die zweite Strophe:

> Kleine Meise, kleine Meise,
> sag', was willst du bei mir?
> Ein paar Körnlein, ein paar Körnlein.
> und ich dank dir dafür!

Auch diese Szene erst mehmals durchsprechen, dann singen und dann beide Strophen hintereinander spielen und singen. Nun ist die kleine Meise satt, und draußen ist der Wind so kalt, so fliegt sie fort in ihr Nest. Kneten wir also aus dem Rest Knetton ein schönes Nest für unseren Vogel und lernen dabei:

> Kleine Meise, kleine Meise,
> warum fliegst du denn fort?
> In mein Nestchen, in mein Nestchen,
> denn schön warm ist es dort.

Melodie und Text: Gertrud Wallis

52. Heute scheint die Sonne

Heute scheint die Sonne, da gehn wir in den Wald. Wir pflük-ken Erd-beern, rot und rund und stek-ken sie gleich in den Mund. Mach doch mit! Du wirst schon sehn, heut wird es wie-der schön!

Refrain:
Mach doch mit.
Du wirst schon sehn,
heut wird es wieder schön.

2. Heute scheint die Sonne,
   da machen wir ein Spiel.
   Den Fußball her, ja so ist's fein!
   Ein Tritt, und dann ins Tor hinein!

3. Heute scheint die Sonne,
   da feiern wir ein Fest.
   Wir tanzen rundherum im Kreis
   und lutschen Schokoladeneis.

4. Heute tropft der Regen.
   Wer bleibt denn da zu Haus?
   Wir holen unsern Schirm heraus
   und lachen dann den Regen aus.

5. Sonnenschein und Regen,
   wir danken Gott dafür.
   Wir dürfen uns darüber freun
   und Gott für alles dankbar sein.

Melodie: Inge Lotz / Text: Rolf Krenzer, aus: Hast du unsern Hund gesehen?, Verlag Ernst Kaufmann, Lahr und Kösel-Verlag, München.

53. Lieber Gott, ich freue mich

1. Lieber Gott, ich freue mich, daß ich meine Augen hab, denn ich kann die Sonne sehn.
2. daß ich meine Ohren hab, denn die Lieder sind so schön.
3. daß ich habe einen Mund, denn das Essen schmeckt so fein.
4. denn ich kann mit meinem Mund lachen, sprechen, singen, schrein.
5. daß ich meine Hände hab, denn das Spielen ist so schön.
6. daß ich meine Füsse hab, denn ich kann spazieren gehn.
7. daß ich meine Eltern hab, immer sind sie gut zu mir.
8. über jeden schönen Tag. Guter Gott, ich danke dir.

Dieses Lied kann im Kreis gespielt werden:

zu Vers 1: Zum ersten Satz im Kreis gehen. Zum zweiten Satz auf die Augen zeigen. Zum dritten Satz wieder im Kreis gehen.

zu Vers 2: Gehen, stehen und auf die Ohren zeigen, gehen.

zu Vers 3: Gehen, stehen und auf den Mund zeigen, gehen.

zu Vers 4: Gehen, stehen und klatschen, gehen und das letzte Wort laut sprechen.

zu Vers 5: Gehen, stehen und die Hände drehen, gehen.

zu Vers 6: Gehen, stehen, auf der Stelle treten, gehen.

zu Vers 7: Gehen, stehen und klatschen, gehen.

zu Vers 8: Gehen, stehen und mit hochgestreckten Armen sich um sich selbst drehen, gehen.

Melodie und Text: Gertrud Lorenz, aus: Hilfen für die religiöse Unterweisung geistigbehinderter Kinder. Deutscher Katecheten-Verein, München. O. J.

54. Gott, mein Gott, ich danke dir!

Gott, mein Gott, ich danke dir!

Daß ich sprin - gen darf und mich freu - en, ich dan-ke dir!
Daß ich spie - len darf und mich freu - en, ich dan-ke dir!
Daß ich sin - gen darf und mich freu - en, ich dan-ke dir!

Daß ich lie - ben darf und mich freu - en, ich danke dir!

Melodie: Christa Linke, aus: Lieder für uns, Verlag Ernst Kaufmann, Lahr.
Text: E. und H. Haller, aus: Mein kleines Gebetbuch, Chr. Kaiser-Verlag, München.

55. Singet alle mit

Kanon zu 4 Stimmen

1. Singet al-le mit. Singet al-le mit. Singet al-le mit: Gott hat uns lieb!

2. Klatschet alle mit.
Klatschet alle mit.
Klatschet alle mit: Gott hat uns lieb!

3. Spielet alle mit.
Spielet alle mit.
Spielet alle mit: Gott hat uns lieb!

4. Sprechet alle mit.
Sprechet alle mit.
Sprechet alle mit: Gott hat uns lieb!

Melodie und Text: Gertrud Lorenz

56. Die Hilde hat einen guten Freund

Die Hil-de hat ei-nen gu-ten Freund. Je-sus hat die Hil-de lieb. Sie ist froh.

Dieser Liedruf kann mit kleinen Abwandlungen für jeden Namen benutzt werden.

Melodie und Text: Gertrud Lorenz

57. Meine Hände spielen

1. Mei-ne Hän-de spielen und drehn sich. Gu-ter Gott, schau was ich kann.

Schau mei-ne Hän-de an.

2. Meine Füße gehen und hüpfen.
   Guter Gott, schau was ich kann.
   Schau meine Füße an.

3. Meine Augen schauen und sehen.
   Guter Gott, schau was ich kann.
   Schau meine Augen an.

4. Meine Ohren horchen und hören.
   Guter Gott, schau was ich kann.
   Schau meine Ohren an.

5. Meine Lippen sprechen und küssen.
   Guter Gott, schau mich an.
   Schau meine Lippen an.

Melodie und Text: Gertrud Lorenz

58. Miteinander sprechen

Refrain: Miteinander,
miteinander,
miteinander sprechen,
ist besser als,
ist besser als,
ist besser als verdreschen.
Wir wollen nicht mehr schlagen
und uns ab jetzt vertragen!

Sich was Nettes,
sich was Nettes,
sich was Nettes sagen,
ist besser als,
ist besser als,
ist besser als sich schlagen.
Wir wolln uns nicht mehr ...

2. Die Lilo ruft ganz laut: „Die Christel ist so dumm!"
   Die Christel schreit und haut der Lilo eine drum.
   Die Freundschaft ist vorbei.
   Und groß ist das Geschrei.

3. Der Peter stößt den Klaus. Sabine kneift den Gerd.
   Gerd bricht in Tränen aus. Ein jeder sich beschwert.
   Die Freundschaft ist vorbei.
   Und groß ist das Geschrei.

4. Wir geben uns die Hand und sind uns wieder gut.
   Und Frieden ist im Land. Vorbei ist alle Wut.
   Vorbei ist das Geschrei.
   Ein jeder kommt herbei.

Wir zeigen pantomimisch an, wie böse wir miteinander umgehen können. Beim Refrain geben wir uns die Hand. Das Lied läßt sich sehr gut als Moritat singen, wobei die einzelnen Szenen entweder gespielt oder in Bildern dargestellt werden.

Melodie: Wolfgang Schult / Text: Rolf Krenzer

59. Manchmal fühl ich mich allein

2. Manchmal tu ich andern weh.
   Wenn ich einsam abseits steh,
   sag zu mir ein gutes Wort
   und die Traurigkeit ist fort.

3. Manchmal sitzt die Angst im Herz,
   manchmal quält ein böser Schmerz—
   sag zu mir ein gutes Wort
   und die Traurigkeit ist fort.

Melodie und Text: Jürgen Peylo

60. Herr, wir sind froh

1. Herr, wir sind froh. Herr, wir sind froh, und das wollen wir dir sa-gen.

2. Herr, du bist gut.
   Herr, du bist gut,
   und wir danken dir von Herzen.

Melodie und Text: Gertrud Lorenz

61. Lieber Gott, der Tag war schön

Lieber Gott, der Tag war schön. Soviel ha-be ich ge-sehn. danken kann. Ich
Lieber Gott, ach, hör mich an, daß ich da - für

ha-be gut ge - ges-sen und dan-ke dir da - für! Amen. Amen. Amen.

Ich durfte draußen spielen und danke dir dafür.
Ich durfte in die Schule und danke dir dafür.
Ich spielte mit den Eltern und danke dir dafür.
Ich habe viele Freunde und danke dir dafür.
Ich bin gesund und fröhlich und danke dir dafür.

Lieber Gott, der Tag war schön.
Soviel habe ich gesehn.
Lieber Gott, ach, hör mich an,
daß ich dafür danken kann.
Amen. Amen. Amen.

Melodie und Text: Rolf Krenzer

62. Schau, jetzt kommt die Nacht

1. Schau, jetzt kommt die Nacht. Der Mond macht die Reise. Und

dunkel wird's nun vorm Fenster und leise.

2. Die Sterne, sie stehn
hoch über den Bäumen.
Gott, schenk uns den Schlaf
und laß uns gut träumen.

Melodie: Gerard van Hulst, aus Job Heeger / Gerard van Hulst, Sing mit mir, Agentur des Rauhen Hauses, Hamburg. Text: Rolf Krenzer.

63. Vor dem Fenster Mondenschein

2. Falte meine Hände still.
Weiß, was ich Gott sagen will:
Laß mich ruhig schlafen, mich und meine Eltern.
Immer wird Gott bei uns sein.

Melodie: Ungarisches Kinderlied / Text: Rolf Krenzer

64. Der Tag war lang

1. Der Tag war lang. Der Tag war schön. Jetzt ist es schon so spät. Wir

fal - ten still die Hän-de nun für un - ser Nacht-ge - bet.

2. Verzeih uns, wenn wir böse war'n
   und andere gekränkt.
   Wir danken für den schönen Tag,
   den du uns heut geschenkt.

3. Wir danken für den Sonnenschein
   und für das schöne Spiel,
   für Lachen und für Fröhlichsein.
   Du schenktest uns so viel.

4. Wir beten und wir bitten Gott
   um eine gute Nacht,
   damit ein jeder morgen früh
   froh und gesund erwacht.

Melodie: Jüdisches Kinderlied / Text: Rolf Krenzer

65. Jeder geht jetzt zur Ruh

1. Je-der geht jetzt zur Ruh, schließt sei-ne Au-gen zu.
Drau-ßen ist dun-kle Nacht. Schla-fe auch du!

2. In ihrem kleinen Nest
schlafen die Vögel fest.
Schließ deine Augen zu.
Schlafe auch du!

3. Und in dem warmen Stall
schlafen die Pferde all.
Schließ deine Augen zu.
Schlafe auch du!

4. Leer sind die Straßen nun.
Nichts gibt es mehr zu tun.
Jeder geht jetzt zur Ruh.
Schlafe auch du!

5. Gott hat an dich gedacht.
Drum sag ich: „Gute Nacht!
Schließe die Augen zu.
Schlafe auch du!"

Melodie: Gerard van Hulst, aus Job Heeger / Gerard van Hulst, Sing mit mir,
Agentur des Rauhen Hauses, Hamburg. Text: Rolf Krenzer.

LIEDER FÜR DEN GOTTESDIENST

66. Es läuten die Glocken

1. Es läuten die Glocken kommt her, kommt her,
   kommt mit in die Kirche! Kommt her, kommt her!

2. Es läuten die Glocken bim bam, bim bam,
   kommt mit in die Kirche, bim bam, bim bam.

3. Ihr Jungen, ihr Alten, kommt her, kommt her,
   kommt mit in die Kirche! Kommt her, kommt her!

Zwei Kinder stehen sich gegenüber und fassen sich an den erhobenen Händen. Sie stellen das Tor der Kirche dar. Wir singen das Lied, fassen uns an den Händen und treten durch das Tor ein. Jeder darf einmal das Tor darstellen.

Mit Triangel oder Xylophon aus dem Orff-Instrumentarium lassen sich die Glockentöne anschlagen. Auch eine richtige Glocke kann verwendet werden. Einer steht auf einem Stuhl und gibt die Glockentöne an. Wenn die Glocke verklungen ist, gehen wir gemeinsam auf das Kirchentor zu, das von zwei Kindern dargestellt wird, und treten ein.

Melodie und Text: Gertrud Lorenz und Rolf Krenzer

67. In die Kirche gehen viele Leute

1. In die Kirche gehen viele Leute und auch ich und auch ich.

2. In der Kirche singen viele Leute
und auch ich
und auch ich.

3. In der Kirche hören viele Leute
und auch ich
und auch ich.

4. In der Kirche beten viele Leute
und auch ich
und auch ich.

5. In der Kirche danken viele Leute
und auch ich
und auch ich.

6. In der Kirche bitten viele Leute
und auch ich
und auch ich.

7. In der Kirche essen viele Leute
und auch ich
und auch ich.

8. In die Kirche gehen viele Leute
und auch ich
und auch ich.

Melodie und Text: Gertrud Lorenz

68. Freuet euch ihr Kinder

1. Freuet euch, ihr Kinder, lobet Gott den Herren.
2. Freuet euch, ihr Eltern, lobet Gott den Herren.
3. Freuet euch, doch alle, lobet Gott den Herren.

Mündlich überliefert

69. Lobt Gott

2. Liebt Gott, liebt Gott, alle hier zusammen. ...
3. Dankt Gott, dankt Gott, alle hier zusammen. ...

Melodie überliefert / Text: von Rolf Krenzer bearbeitet

70. Wir sind nicht gern allein

(Das Lied kann auch als Abendmahlslied verwendet werden.)

Melodie und Text: Jürgen Peylo

71. Jesus ist der Freund der Kinder

1. Je-sus ist der Freund der Kin-der. Je-sus liebt auch mich, auch mich. Da-rum will ich klat-schen, klat-schen, denn ich darf mich freuen, freu-en, Je-sus liebt auch mich, auch mich.

2. Jesus ist der Freund der Kinder.
Jesus ruft auch mich, auch mich.
Darum will ich hüpfen, hüpfen,
denn ich darf mich freuen, freuen,
Jesus liebt auch mich, auch mich.

3. Jesus ist der Freund der Kinder.
Jesus lädt mich ein, mich ein.
Darum will ich mich verbeugen,
denn ich darf mich freuen, freuen.
Jesus liebt auch mich, auch mich.

Anregungen zum Spielen des Liedes im Kreis:

Vers 1: Bis zum Schluß der Worte „auch ich" gehen wir angefaßt im Kreis.
Von „klatschen" an wird bis zum Schluß des Liedes geklatscht.

Vers 2: Wir gehen bis zu den Worten „auch mich" angefaßt im Kreis. Dann stehen wir, hüpfen zweimal bei den Worten „hüpfen" und klatschen bis zum Schluß des Liedes.

Vers 3: Wir gehen bis zu den Worten „auch mich" angefaßt im Kreis. Dann stehen wir, verbeugen uns tief und klatschen bis zum Schluß des Liedes

Melodie und Text: Gertrud Lorenz

72. Jesus Christus, hör uns an

Melodie: Friedhelm Eichert / Text: Rolf Krenzer

73. Wir danken dir

Melodie und Text: Gertrud Lorenz

74. Guter Gott, wir loben dich

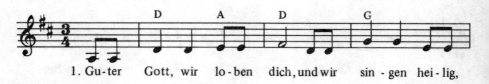

2. Guter Gott, wir loben dich, und wir singen danke, danke,
denn du liebst uns, ja du liebst uns, darum freuen wir uns sehr.

Melodie und Text: Gertrud Lorenz

75. Du Gott der Liebe

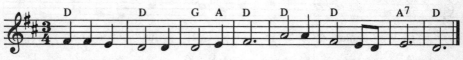

1. Du Gott der Lie-be sei bei uns, mit dem Geist deiner Lie-be.
2. Du Gott der Freu-de sei bei uns, mit dem Geist deiner Freu-de.
3. Du Gott der Gü-te sei bei uns, mit dem Geist deiner Gü-te.
4. Du Gott der Stär-ke sei bei uns, mit dem Geist deiner Stär-ke.

Melodie und Text: Gertrud Lorenz

76. Lasset die Kinder zu mir kommen

Melodie und Text: Hanna Schernau

77. Ich bin getauft

Melodie und Text: Hanna Schernau

78. Komm, Gottesgeist

Melodie und Text: Gertrud Lorenz, aus: Hilfen für die religiöse Unterweisung geistigbehinderter Kinder. Deutscher Katecheten-Verein, München. O. J.

79. Herr du willst, daß wir gut sind

Melodie und Text: Gertrud Lorenz

80. Herr bleibe bei uns

Melodie und Text: Gertrud Lorenz, aus: Hilfen für die religiöse Unterweisung geistigbehinderter Kinder. Deutscher Katecheten-Verein, München. O. J.

81. Herr, dein Geist

Herr, dein Geist ist bei uns und er macht uns froh.
                               und er gibt uns Kraft.
                               und er macht uns Mut.
                               und er steht uns bei.

Herr Jesus Christus, wir gehören zu dir. Christen sind wir.

Melodie und Text: Gertrud Lorenz, aus: Hilfen für die religiöse Unterweisung geistigbehinderter Kinder. Deutscher Katecheten-Verein, München. O. J.

Liedfolgen
für Kindergottesdienst, Kindermesse, Familiengottesdienst und Behindertengottesdienst

82. Liedfolge 1: Wir freuen uns alle
7 Lieder für Kindergottesdienst und Kindermesse

1. Eingangslied

1. Kommt alle und freut euch. Klatscht in die Hände, kommt alle und freut euch, Gott hat uns lieb.

2. Kommt alle und singet. Klatscht in die Hände, kommt alle ...

3. Kommt alle und betet. Klatscht in die Hände, kommt alle ...

4. Kommt alle und danket. Klatscht in die Hände, kommt alle ...

Zu diesem Lied können Gesten ausgeführt werden.

Das Lied kann auch im Kreis gespielt werden.

Zu Vers 1: Zum ersten Satz stehen wir im Kreis und klatschen.
Beim zweiten: „Kommt alle und freut euch" gehen wir angefaßt im Kreis.

Zu Vers 2: Wir stehen im Kreis und dirigieren.
Beim zweiten: „Kommt ..." gehen wir angefaßt im Kreis.

Zu Vers 3: Wir stehen im Kreis und falten die Hände.
Beim zweiten: „Kommt ..." gehen wir angefaßt im Kreis.

Zu Vers 4: Wir stehen im Kreis und verbeugen uns tief.
Beim zweiten: „Kommt ..." gehen wir angefaßt im Kreis.

2. Zum Gloria

1. Gott, du bist unser Vater. Deine Herrlichkeit ist groß, darum loben wir dich.

    2. Jesus, du bist Sohn Gottes. Deine Herrlichkeit ...
    3. Gottes Geist, du bist bei uns. Deine Herrlichkeit ...

3. Zur Lesung

1. Herr, wir hören auf dein Wort. Herr, wir hören. Herr, wir hören.

    2. Dein Wort sagt uns, wie gut du bist. Herr wir ...
    3. Dein Wort sagt uns, was richtig ist. Herr wir ..
    4. Dein Wort sagt uns, was du uns gibst. Herr wir ...
    5. Dein Wort sagt uns, daß du uns liebst. Herr wir ...
    6. Herr wir hören auf dein Wort. Herr wir ...

Der erste Satz des Liedes kann jeweils vom Vorsänger gesungen werden. Die beiden Sätze: „Herr, wir hören" werden von allen wiederholt. Dazu wird geklatscht.

4. Zur Gabenbereitung

Wir freu-en uns al - le und sin-gen: Wir bringen dir die Ga-ben.

5. Zum Heilig

Hei-lig, heilig, hei-lig, hei-lig ist der Herr. Kommt und singt und freut euch, denn er liebt uns sehr. Klat-schet in die Hän-de, sin-get oh-ne En-de: Hei-lig, hei-lig, hei-lig, hei-lig ist der Herr.

6. Zum Segen

1. Herr, gib uns dei-nen Se-gen. Wir wol-len ü-ber-le-gen, wie man gut sein kann.
2. Du gibst uns dei-nen Se-gen. Wir wol-len lie-be ge-ben, so wie du ge-tan.

7. Schlußlied

1. Kommt jetzt und dan-ket. Lo-bet den Herrn der uns lieb hat.

2. Sonne und Mond, lobet den Herrn der uns lieb hat.
3. Alle ihr Sterne, lobet den Herrn der uns lieb hat.
4. Alle ihr Blumen, lobet den Herrn der uns lieb hat.
5. Alle ihr Tiere, lobet den Herrn der uns lieb hat.
6. Alle ihr Kinder, lobet den Herrn der uns lieb hat.
7. Alle ihr Menschen, lobet den Herrn der uns lieb hat.
8. Kommt jetzt und danket. Lobet den Herrn der uns lieb hat.

Der erste Satz des Liedes kann jeweils vom Vorsänger gesungen werden. Der Schlußsatz: ,,Lobet den Herrn..." wird von allen wiederholt und dazu geklatscht.

Diese Lieder haben sich auch bei Familiengottesdiensten bewährt.

Melodien und Text: Gertrud Lorenz, aus: Hilfen für die religiöse Unterweisung geistigbehinderter Kinder. Deutscher Katecheten-Verein, München. O. J.

83. Liedfolge 2: Freut euch ihr Kinder
7 Lieder für Kindergottesdienst und Kindermesse

1. Eingangslied

2. Singet, ihr Kinder, alle miteinander,
singet laut: Gott hat uns lieb.
Singt am Morgen und am Abend,
singt zu Haus und in der Kirche.
Singet alle mit: Gott hat uns lieb.

2. Zur Lesung

3. Zur Gabenbereitung

Zum Al-tar-tisch bringen wir Brot. Zum Al-tar-tisch bringen wir Wein.

Zu seinem Mahl lädt Jesus uns ein. Dich und mich und uns al-le.

4. Zum Heilig

1. Herr, wir freu-en uns, der Tag ist schön. Schön ist das Lachen, das Sin-gen, das Sehn. Schön ist das Spie-len, das sprin-gen, das Gehn. Herr, wir freu-en uns, der Tag ist schön.

2. Herr, wir freuen uns, der Tag ist schön.
   Schön ist es, Morgen und Abend zu sehn.
   Schön ist's, zu schlafen und froh aufzustehn.
   Herr, wir freuen uns,
   der Tag ist schön.

5. Zum Vaterunser

Satz um Satz wird von Vorsänger oder Schola zügig vorgesungen und sofort jeweils von der Gemeinde wiederholt.

6. Zum Mahl

2. Jesus, du bist unser Freund, Freund der Kinder groß und klein.
   Wir wolln deine Gäste sein. Heute lädtst du Herr uns ein.

7. Schlußlied

2. Herr, die Feier ist nun aus, und wir gehen froh nach Haus.
   Hilf, das Gute zu wagen. Hilf, das Schlimme zu tragen.
   Herr o Herr, sei uns nah. Herr o Herr, sei uns nah.

Diese Lieder haben sich auch bei Familien- und Freizeitgottesdiensten bewährt.

Melodien und Text: Gertrud Lorenz

84. Liedfolge 3: Wir kommen hierher
10 Lieder für Gottesdienst und Kindermesse

1. Eingangslied

1. Wir kommen hierher und wir klatschen voller Freude, denn Jesus der Herr ist hier bei uns.

2. Wir kommen hierher und wir singen voller Freude, denn ...
3. Wir kommen hierher und wir beten voller Freude, denn ...
4. Wir kommen hierher und wir danken voller Freude, denn ...

2. Zum Kyrie

1. Herr, erbarme, erbarme dich. 2. Christus erbarme, erbarme dich.
3. Herr, erbarme, erbarme dich.

3. Zum Gloria

1. Großer Gott, wir singen ein Lied von deiner Herrlichkeit. Großer Gott, wir singen ein Lied.

2. Gottes Sohn, wir singen ein Lied, Herr Jesus Christus dir.
   Gottes Sohn, wir singen ein Lied.
3. Gottes Geist, wir singen ein Lied, immer bist du bei uns.
   Gottes Geist, wir singen ein Lied.

4. Zur Lesung

5. Glaubensbekenntnis

2. Wir glauben an Jesus Christus, den Gottessohn und den Herrn. Wir ...
3. Wir glauben an den Geist Gottes, der jeden Tag bei uns ist. Wir ...

6. *Zur Gabenbereitung*

1. Aus dem Korn wird das Brot gemacht, erst Körner, dann Mehl, dann Brot. Brot wird zum Altar gebracht.

2. Aus den Trauben wird Wein gemacht, erst Trauben, dann Saft, dann Wein. Wein wird zum Altar gebracht.

7. *Zum Heilig*

Heilig, heilig, heilig bist du großer Gott. Heilig, heilig heilig bist du guter Gott. Du hast uns in diese Welt hineingestellt. Voller Freude singen wir ein Lied dir hier.

8. *Zum Brechen des Brotes*

1. Herr, du trägst die Schuld von uns allen. Erbarme, erbarme dich.
2. Herr, du trägst die Schuld von uns allen. Gib Herr uns deinen Frieden.

9. Zum Mahl

Wir wol-len gut sein zu den an - dern. Herr, dein
Brot gibt uns Kraft da zu und es macht uns froh.

10. Schlußlied

1. Wir sa-gen dir dan-ke, du gu - ter Gott.
Dan - ke für al - le Freu - de. Dan - ke. Dan - ke.

2. Gib uns deinen Segen, du guter Gott.
Segen für alle Tage. Segen. Segen.

3. Wir sagen jetzt Amen, du guter Gott.
Amen, Amen, so sei es, Amen. Amen.

Melodien und Text: Gertrud Lorenz, aus: Hilfen für die religiöse Unterweisung geistigbehinderter Kinder. Deutscher Katecheten-Verein, München. O. J.

85. Liedfolge 4: Wir kommen in die Kirche
8 Lieder für Kindergottesdienst und Kindermesse

1. Eingangslied

2. Zum Kyrie

3. Zum Gloria

1. Eh-re sei Gott dem Va-ter im Himmel. Eh - re sei ihm. Eh - re sei ihm.
2. Eh-re sei Je - sus Christus dem Sohne.
3. Eh-re dem heil'gen Geist der uns froh macht.

4. Zur Lesung

1. Spielt auf den In-stru-men-ten, klatscht und singt, und lo-bet Gott
2. Klopft auf die Tambu - ri - ne,
3. Schlagt fest an die Tri - an - gel,
4. Blast auch noch in die Flö - ten,

dann seid still und hört sein Wort, dann seid still und hört sein Wort.

Zur Gabenbereitung

1. Wir brin-gen das Brot zum Al - tar.   Seg - ne es Herr.
2. Wir brin-gen den Wein zum Al - tar.   Seg - ne ihn Herr.

6. Zum Heilig

Herr, un-ser Gott, du bist hei - lig. Wir sin-gen dir ein Lied.

Herr, un-ser Gott, du bist hei - lig und hast uns al - le lieb.

7. Zum Segen

1. Herr, seg-ne uns und al-le, die wir hier sind.
2. Herr, seg-ne uns und al-le, die wir ken-nen.
3. Herr, seg-ne uns und al-le, die wir lie-ben.

8. Schlußlied

Wir ru-fen es laut al-len Leu-ten zu: 1.-5. Seht Gott hat die
                                                                            6. Seht Gott hat ja

1. Son-ne so schön ge-macht. Kommt singt mit uns Al-le - lu-ja.
2. Er-de so schön ge-macht.
3. Blu-men so schön ge-macht.
4. Tie-re so schön ge-macht.
5. Kin-der so schön ge-macht.
6. al-les so schön ge-macht.

Melodien und Text: Gertrud Lorenz

LIEDER
ZUR BIBEL

86. Wie Gott die Welt erschaffen hat

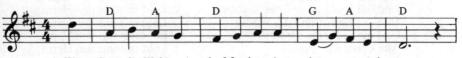

1. Wie Gott die Welt er-schaf-fen hat, das hö-ret euch an:

Er sprach: es wer-de der Himmel, die Er-de, das Land und das Meer.

2. Wie Gott die Welt erschaffen hat, das höret euch an:
   Er sprach: Es werden die Pflanzen auf Erden und Tiere so viel.

3. Wie Gott die Welt erschaffen hat, das höret euch an:
   Er sprach: Es werden die Menschen auf Erden, der Mann und die Frau.

4. Wie Gott die Welt erschaffen hat, das höret euch an:
   Er sprach: Es werden die Menschen auf Erden, die groß sind und klein.

Melodie und Text: Gertrud Lorenz

87. Wir singen so gern

Refrain: Wir singen so gern ein Lied für den Herrn. Lobt mit uns den Herrn.

Vorsänger:	Alle:
Alle Wolken am Himmel:	Lobt mit uns den Herrn.
Und die Sonne am Himmel:	Lobt mit uns den Herrn.
Und der Mond und die Sterne:	Lobt mit uns den Herrn.
Und der Frühling und der Sommer:	Lobt mit uns den Herrn.
Und der Herbst und der Winter:	Lobt mit uns den Herrn.
Und die Erde, die schön ist:	Lobt mit uns den Herrn.
Alle Berge und Täler:	Lobt mit uns den Herrn.
Und die Flüsse und Meere:	Lobt mit uns den Herrn.
Alle Vögel des Himmels:	Lobt mit uns den Herrn.
Alle Fische im Wasser:	Lobt mit uns den Herrn.
Auf dem Lande die Tiere:	Lobt mit uns den Herrn.
Alle Eltern und Kinder:	Lobt mit uns den Herrn.

Melodie und Text: Gertrud Lorenz

88. Lobt alle Gott

1. Lobt alle Gott. Lobt alle Gott. Lobet alle Gott für die Tage und die Nächte, für den Morgen und den Abend. Lobt alle Gott. Lobt alle Gott. Lobet alle Gott.

2. Lobt alle Gott. Lobt alle Gott. Lobet alle Gott für die Berge und die Täler, für die Flüsse und die Meere. Lobt alle Gott . . .

3. Lobt alle Gott. Lobt alle Gott. Lobet alle Gott für die Pflanzen und die Tiere, für die Fische und die Vögel. Lobt alle Gott . . .

4. Lobt alle Gott. Lobt alle Gott. Lobet alle Gott für die Tiere auf dem Lande und für alle, alle Menschen. Lobt alle Gott . . .

Melodie und Text: Gertrud Lorenz

89. Die Menschen haben Hunger
(zu Mt 14, 13 – 21)

1. Die Menschen haben Hunger. Du gibst ihnen viel Brot.
Du Herr weißt, was sie brauchen, und keiner leidet Not.

2. Die Menschen haben Hunger und du, du guter Herr,
gibst mehr, als was sie brauchen. Das wundert uns gar sehr.

Melodie und Text: Gertrud Lorenz

90. Zachäus war ein armer Mann
(zu Lk 19, 1 – 10)

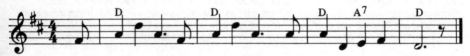

1. Zachäus ist ein armer Mann, denn er hat keinen Freund.
2. Zachäus möchte Jesus sehn und steigt auf einen Baum.
3. Zachäus sitzt auf seinem Baum, und Jesus sagt zu ihm.
4. Zachäus, steige schnell herab, denn ich besuch dich heut.
5. Zachäus hat jetzt einen Freund. Darüber freut er sich.

Dieses Lied bietet sich geradezu zum Spielen an:

zu 1.: Zachäus steht traurig abseits und sieht den Kindern zu, die im Kreis gehen und betont zu ihm hinsehen.

zu 2.: Er legt die Hand an die Augen, steht auf die Zehenspitzen und will Jesus sehen. Dieser steht im Kreis. Die Kinder gehen so dicht um ihn herum, daß Zachäus ihn nicht sehen kann und auf einen Baum (Stuhl oder Tisch) steigt.

zu 3.: Der Kreis weitet sich. Jesus winkt Zachäus zu.

zu 4.: Alle winken Zachäus in den Kreis. Jesus legt den Arm um ihn. Die anderen gehen im Kreis.

zu 5.: Zachäus und Jesus tanzen/hüpfen im Kreis, die anderen hüpfen um sie herum.

Melodie und Text: Gertrud Lorenz

91. Ich bleib bei dir stehen

Ich bleib bei dir stehen. Sag, willst du mit mir gehen?
Komm mit mir und sei mein Freund und Gott wird mit uns gehen.
Ja, ich komme und gehe mit!

Im Spiel erlebt das Kind, was hier tatsächlich geschehen ist:
Menschen, die arbeiten, die ihrer Pflicht nachkommen, lassen ihre Arbeit liegen, lassen alles im Stich und folgen Jesus nach, werden zu Jüngern, zu Freunden Jesus.

Wir stehen im Kreis. Jesus geht im Innern des Kreises herum. Er bleibt vor einem Spieler stehen. Wenn er gefragt hat: „Willst du mit mir gehen?" gibt er dem Spieler die Hand. Wenn der Spieler singt: „Ja, ich komme und gehe mit!" tritt er aus dem Kreis heraus und geht mit. Mit jedem Vers kommt ein neuer Spieler hinzu, so daß zum Schluß alle angefaßt im Kreis gehen.

Arbeitsanregungen: Wir zeichnen Jesus und seine Jünger. Alle fassen sich an und gehen gemeinsam.

92. Jesus hat die Kinder lieb
a) Als der Herr die Stadt besucht

1. Als der Herr die Stadt besucht, blieben viele stehn,
drängten sich um ihn herum, wollten Jesus sehn.

2. Leute mit und ohne Geld hörten Jesus zu,
   wollten immer mehr von ihm, gaben keine Ruh.

3. Kinder kamen auch herbei. Kinder, groß und klein,
   wollten auch gern zu ihm gehn, wollten bei ihm sein.

4. „Schert euch weg! Ihr seid zu klein!" Bös war manches Wort.
   Und die Großen jagten dann alle Kinder fort.

5. Aber Jesus rief sogleich: „Kinder, groß und klein,
   kommt, ich warte doch auf euch! Ihr sollt bei mir sein!"

Anhand des Textes kann mit Gruppe ein Spiel erarbeitet werden, wobei zu der Darstellung die Verse gesungen werden.

Melodie: unbekannt, überliefert / Text: Rolf Krenzer

b) *Leute mit Kindern (zu Mk 10, 13 – 16)*

Anregungen zum Spielen des Liedes im Kreis:

Zu Vers 1: Alle gehen angefaßt im Kreis – bleiben beim Refrain stehen und klatschen.

Zu Vers 2: Alle stehen und klopfen an – gehen angefaßt beim Refrain im Kreis.

Zu Vers 3: Alle stehen und strecken die Hände abwehrend vor – gehen beim Refrain angefaßt im Kreis.

Zu Vers 4: Alle hüpfen angefaßt im Kreis – stehen beim Refrain und klatschen.

Zu Vers 5: Alle drehen sich um sich selbst – gehen beim Refrain angefaßt im Kreis.

Melodie und Text: Gertrud Lorenz, aus: UM 58, Gertrud Lorenz, Jesus – Freund der Menschen, Deutscher Katecheten-Verein, München O. J.

93. Jesus Christus ist der Herr

1. Jesus Christus ist der Herr! Halleluja.
Stürmt der Wind auch noch so sehr. Halleluja.

2. Wenn es Jesus Christus will, Halleluja,
wird sogar der Sturm ganz still. Halleluja.

Melodie: Spiritual, überliefert / Text: Rolf Krenzer

94. Jesus fährt mit seinen Freunden übers Meer

1. Jesus fährt mit seinen Freunden übers Meer, übers Meer.

2. Jesus schläft bei seinen Freunden
in dem Boot, in dem Boot.

3. Es fängt schrecklich an zu stürmen.
Welche Not, welche Not!

4. Und die Männer wecken Jesus:
Hilf uns doch! Hilf uns doch!

5. Jesus sagt zum Sturm: Nun schweige!
Es wird still. Es wird still.

6. So hilft Jesus seinen Freunden
in der Not, in der Not.

Melodie und Text: Gertrud Lorenz

95. An der Straße sitzt ein Mann
(zu Mk 10, 46 – 52)

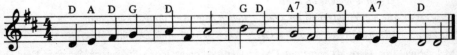

1. An der Straße sitzt ein Mann, das ist, das ist, das ist Bartimäus.

2. Jesus kommt nach Jericho, dort wohnt, dort wohnt, dort wohnt Bartimäus.
3. Dieser Mann der kann nicht sehn, blind ist, blind ist, blind ist Bartimäus.
4. Jesus Herr so hilf mir doch, so schreit, so schreit, so schreit Bartimäus.
5. Jesus hört, daß einer ruft, hört den, hört den, hört den Bartimäus.
6. Hilf mir Herr und sei mein Freund, bittet, bittet, bittet Bartimäus.
7. Jesus hilft und ist sein Freund, Freund des, Freund des, Freund des Bartimäus.
8. Froh ist jetzt der blinde Mann, froh ist, froh ist, froh ist Bartimäus.
9. Fröhlich hüpft und tanzt er jetzt, unser, unser, unser Bartimäus.
10. In die Hände klatschen wir, froh wie, froh wie, froh wie Bartimäus.

Anregungen zum Spielen des Liedes in „Jesus – Freund der Menschen",
UM 58 Deutscher Katecheten-Verein, Preysingstr. 83c, 8000 München 80.

Melodie und Text: Gertrud Lorenz, aus: UM 58, Gertrud Lorenz, Jesus – Freund der Menschen, Deutscher Katecheten-Verein, München. O. J.

96. Jesus sagt: Nun seht die Vögel an
(zu Lk 12, 22 – 31)

2. Jesus sagt: Nun seht die Blumen an.
   Ja, sie sorgen sich nicht um die Kleider,
   und sie sind trotzdem schön angezogen.
   Denn Gott sorgt für sie.

3. Jesus sagt: Nun seht die Menschen an.
   Ja, sie sollten sich nicht so viel sorgen,
   sondern jeden Tag froh und glücklich sein.
   Denn Gott sorgt für sie.

Melodie und Text: Gertrud Lorenz

97. Mein kleines Schaf hat sich verlaufen

1. Mein kleines Schaf hat sich verlaufen. Wer hat es gesehn? Ich such überall mein Schäfchen, ja, ich such überall. Und wenn ich es dann finde, dann bring ich es zum Stall.

2. Mein kleiner Sohn hat sich verlaufen. Wer hat ihn gesehn?
Es darf doch meinem kleinen Jungen nichts Böses geschehn!
Ich such überall den Jungen. Er kennt sich doch nicht aus.
Und wenn ich ihn dann finde, dann bring ich ihn nach Haus.

3. Mein Töchterchen hat sich verlaufen. Wer hat es gesehn?
Es darf doch meinem kleinen Mädchen nichts Böses geschehn!
Ich such überall das Mädchen. Es kennt sich doch nicht aus.
Und wenn ich es dann finde, dann bring ich es nach Haus.

Einer spielt den guten Hirten, der andere das Schäfchen. Wir stehen im Kreis und das Schäfchen läuft im Kreis herum. Es versteckt sich hinter einem Mitspieler. Der Hirte muß suchen, bis er das Schäfchen gefunden hat. Dann nimmt er es an der Hand und führt es an seinen Platz. Nun darf ein anderer Hirte sein, der sein verlorenes Schäfchen suchen soll.

Der Vergleich mit dem Vater, der nach seinem Kind sucht, läßt sich in gleicher Weise spielen. Statt „Sohn" oder „Tochter" können die Namen der Mitspieler eingesetzt werden.

Melodie: Inge Lotz / Text: Rolf Krenzer

98. Der barmherzige Samariter

a) Es liegt ein Mann am Wege (zu Lk 10, 29 – 37)

1. Es liegt ein Mann am Weg. Es liegt ein Mann am Weg. Oh weh!

2. Der erste Mann hilft nicht.
   Der erste Mann hilft nicht. Oh weh!

3. Der zweite Mann hilft nicht.
   Der zweite Mann hilft nicht. Oh weh!

4. Der dritte Mann, der hilft.
   Der dritte Mann, der hilft. Wie gut!

5. Das ist ein guter Mann.
   Das ist ein guter Mann. Ja, ja.

Wir stehen im Kreis und singen das Lied.
Einer stellt den kranken Mann dar und liegt auf der Erde. Nach den Strophen des Liedes geht ein Spieler nach dem anderen vorbei, ohne dem Kranken zu helfen. Erst der dritte Mann hilft dem Kranken aufzustehen und führt ihn in den Kreis zurück.

Melodie und Text: Gertrud Lorenz

b) Ein Mann, der liegt am Wege (zu Lk 10, 29 – 37)

1. Ein Mann, der liegt am We-ge. Dem Mann, dem geht es schlecht. Es tut ihm al-les weh.

2. Ein Mann, der kommt des Weges,
   doch er geht schnell vorbei,
   denn er hat keine Zeit.

3. Noch einer kommt vorüber,
   doch der schaut schnell zur Seit',
   Er will den Mann nicht sehn.

4. Dann kommt ein Mann des Weges,
   und dieser Mann bleibt stehn.
   Er sieht, da liegt ein Mann.

5. Er hilft dem Mann am Boden.
   Er sorgt sich sehr um ihn.
   Der Mann, der macht es recht.

Die Spielanleitung ergibt sich aus dem Text.

99. Der verlorene Sohn

a) Ein Vater hat einen bösen Sohn (zu Lk 15, 11 – 32)

1. Ein Vater hat einen bösen Sohn. Der geht weit in die Welt.
Er tut, was gar nicht recht. Der böse Sohn ist schlecht.

2. Der Vater ist gut zum bösen Sohn.
Er hat ihn sehr, sehr lieb.
Er schimpft ihn gar nicht aus.
Er nimmt ihn auf zu Haus.

Melodie und Text: Gertrud Lorenz

b) Der Sohn sagt zum Vater (zu Lk 15, 11 – 32)

1. Der Sohn sagt zum Vater: Schnell, gib her mir mein Geld. Ich geh in die Welt.

2. Der Sohn geht mit seinem Geld,
und er gibt es aus,
lebt in Saus und Braus.

3. Dann leidet der Sohn viel Not.
Gern möcht er daheim
beim Vater jetzt sein.

4. Der Sohn kehrt voll Reu' zurück.
Der Vater ist froh.
Den Sohn liebt er so.

Spielvorschlag:
Zu 1.: Um Vater und Sohn einen Kreis bilden. Der Sohn streckt die Hand aus, der Vater gibt ihm Geld (Papierscheine).
Zu 2.: Der Sohn wirft es um sich. Jeder versucht etwas zu bekommen.
Zu 3.: Der Sohn sitzt im Kreis und läßt den Kopf hängen.
Zu 4.: Er geht außen um den Kreis. Der Vater holt ihn herein und umarmt ihn.

Melodie und Text: Gertrud Lorenz

100. Ein Mann, der lädt zum großen Festmahl ein
(zu Lk 14, 16 – 24)

1. Ein Mann, der lädt zum gro-ßen Fest-mahl ein. Der Tisch der ist ge-deckt. Das Mahl das ist be-reit. Kommt schnell, denn es ist Zeit. Der Saal, der ist be-reit. Nun kommt.

2. Die Gäste, die wollen nicht geladen sein:
Ich muß mein Land ansehn.
Ich kaufe Ochsen ein.
Ich nehme eine Frau.
Der Saal, der bleibt ganz leer.

3. Die Armen wollen eingeladen sein.
Der Bettler, der hat Zeit.
Er kauft sich keinen Ochs.
Er nimmt sich keine Frau.
Der Saal, der wird ganz voll.

Melodie und Text: Gertrud Lorenz

Inhaltsübersicht

1. Lieder zum Kirchenjahr . . . . Nr. 1- 38
2. Lieder zum Tagesablauf . . . . Nr. 39- 65
3. Lieder für den Gottesdienst . . . . Nr. 66- 81
4. Liedfolgen für Kindergottesdienst, Kindermesse, Nr. 82- 85
   Familiengottesdienst und Behindertengottesdienst
5. Lieder zur Bibel . . . . Nr. 86–100

Alphabetisches Verzeichnis der Liedanfänge

Alle Vögel sollen singen		50
Alle wolln zum Stall hingehn		13
Als der Herr die Stadt besucht		92a
Als Jesus gestorben war		26
An der Straße sitzt ein Mann		95
Aus dem Korn wird das Brot gemacht	Liedfolge 3	84
Das Korn wird gesät		35
Der Bauer sät das Korn		32
Der Herr ist auferstanden		29
Der Sohn sagt zum Vater		99b
Der Tag war lang		64
Der Weg war so weit		4
Die Hilde hat einen guten Freund		56
Die Menschen haben Hunger		89
Die Welt ist froh		14
Du Gott der Liebe		75
Ehre sei Gott dem Vater	Liedfolge 4	85
Eine Laterne leuchtet von ferne		38
Ein Kind hat Geburtstag		9
Ein Mann, der lädt zum großen Festmahl ein		100
Ein Mann, der liegt am Wege		98b
Ein neuer Tag hat angefangen		41
Ein Vater hat einen bösen Sohn		99a
Es brennt die erste Kerze		1
Es läuten die Glocken		66
Es liegt ein Mann am Weg		98a
Es regnet, es regnet		44
Freuet euch, ihr Kinder		68
Freut euch, ihr Kinder	Liedfolge 2	83
Freut euch alle, Jesus lebt		27
Gott, du bist unser Vater	Liedfolge 1	82
Gott gibt einen neuen Tag		42
Gott, mein Gott, ich danke dir		54
Großer Gott, wir singen ein Lied	Liedfolge 3	84
Guter Gott, wir loben dich		74
Heilig, heilig, heilig	Liedfolge 1	82
Heilig, heilig, heilig bist du, großer Gott	Liedfolge 3	84
Herr, bleibe bei uns		80
Herr, dein Geist ist bei uns		81
Herr, die Feier ist nun aus	Liedfolge 2	83
Herr, du trägst die Schuld von uns allen	Liedfolge 3	84
Herr, du willst, daß wir gut sind		79
Herr, erbarme dich	Liedfolge 3	84
Herr, gib uns deinen Segen	Liedfolge 1	82

Herr Jesus, du hast Geburtstag	10
Herr, segne uns	Liedfolge 4 85
Herr, unser Gott	Liedfolge 4 85
Herr, wir freuen uns	40
Herr, wir freuen uns	Liedfolge 2 83
Herr, wir hören auf dein Wort	Liedfolge 1 82
Herr, wir sind froh	60
Herr, wir sind hierher gekommen	Liedfolge 3 84
Heute scheint die Sonne	52
Heut ist ein schöner Morgen	43
Hinter dem Stern her	19
Ich baue mir eine Laterne	37
Ich bin getauft	77
Ich bleib bei dir stehen	91
Ich gebe dir die Hand	47
Im Advent, da singen wir	3
Im Stall liegt das Kind	7
In die Kirche gehen viele Leute	67
Jeder geht jetzt zur Ruh	65
Jesus Christus, hör uns an	72
Jesus Christus ist der Herr	93
Jesus, du bist so gut	23
Jesus fährt mit seinen Freunden	94
Jesus ist der Freund der Kinder	71
Jesus ist geboren	11
Jesus kommt nach Jerusalem	20
Jesus lädt uns alle ein	24
Jesus sagt: Kommt her zu mir	Liedfolge 2 83
Jesus sagt: Nun seht die Vögel an	96
Jesus sagt zu allen	31
Jesus, wir grüßen dich	15
Josef und Maria finden einen warmen Stall	5
Kleine Meise, kleine Meise	51
Kommet ihr Hirten all	12
Komm, Gottesgeist, komm	78
Komm mit mir, wir gehen zum Stall	6
Kommt alle und freut euch	Liedfolge 1 82
Kommt jetzt und danket	Liedfolge 1 82
Kommt, wir singen Halleluja	28
Lasset die Kinder zu mir kommen	76
Laßt hell die Glocken klingen	25
Leute mit Kindern	92b
Liebe, liebe Sonne	45
Lieber Gott, der Tag war schön	61
Lieber Gott, ich freue mich	53
Lieber Gott, wir danken dir für das Brot	49

Lobt alle Gott	88
Lobt Gott	69
Manchmal fühl ich mich allein	59
Meine Hände spielen	57
Mein kleines Schaf hat sich verlaufen	97
Milch und Butter, Obst und Brot	48
Mit all seinen Freunden	22
Miteinander sprechen	58
Seht, was wir geerntet haben	33
Singet alle mit	55
Spielt auf den Instrumenten	Liedfolge 4 85
Schau, jetzt kommt die Nacht	62
Unser Freund heißt Jesus Christ	30
Unser Licht ist hell	2
Vater, unser	Liedfolge 2 83
Viele Menschen haben gerufen	Liedfolge 4 85
Vor dem Abendmahl	21
Vor dem Fenster Mondenschein	63
Warum bin ich froh?	39
Weihnacht ist da	8
Wie Gott die Welt erschaffen hat	86
Wir bringen das Brot	Liedfolge 4 85
Wir danken dir	73
Wir danken Gott für alles	34
Wir freuen uns alle	Liedfolge 1 82
Wir glauben an Gott den Vater	Liedfolge 3 84
Wir haben dir zu danken	36
Wir haben ein Geburtstagslied	46
Wir kommen hierher	Liedfolge 3 84
Wir kommen in die Kirche	Liedfolge 4 85
Wir rufen es laut allen Leuten zu	Liedfolge 4 85
Wir sagen dir danke	Liedfolge 3 84
Wir sind die drei Könige	18
Wir sind nicht gern allein	70
Wir singen heut ein frohes Lied	17
Wir singen so gern	87
Wir werden still	Liedfolge 2 83
Wir wollen gut sein	Liedfolge 3 84
Wir wollen heut Weihnachten feiern	16
Zachäus war ein armer Mann	90
Zum Altartisch bringen wir Brot	Liedfolge 2 83

Liederbücher und Schallplatten mit Rolf Krenzer in den Verlagen Ernst Kaufmann und Kösel

Rolf Krenzer (Hrsg.)
Regenbogen bunt und schön
Einfache Lieder zur Bibel
104 Seiten, gebunden

Weitere Lieder für Kindergarten, Grundschule und vor allem Sonderschule. Das Hauptanliegen ist darin zu sehen, religiöse Inhalte Kindern so verständlich und transparent zu machen, daß sie alle Lieder verstehen und sie gegebenenfalls in ein Spiel umsetzen können.

Rolf Krenzer/Inge Lotz (Hrsg.)
Hast du unsern Hund gesehen?
Neue Spiellieder für 3–8jährige mit Zeichnungen von Anne Röhnisch-Dannehl
72 Seiten, gebunden

Eine Sammlung von 44 neuen Spielliedern, die sich an der direkten Umwelt des Vorschulkindes orientieren.

Schallplatte „Hast du unsern Hund gesehen?"
Eine Auswahl von 14 Liedern aus dem gleichnamigen Buch. 30 cm LP

Wir sind die Musikanten
40 neue Spiellieder von Rolf Krenzer, Inge Lotz, Wolfgang Schult und Kristofer Oranien mit Zeichnungen von Anne Röhnisch-Dannehl
64 Seiten, gebunden

Eine neue Sammlung in der Praxis erprobter Spiellieder, die sich am Jahreskreis orientieren mit seinen christlichen und weltlichen Höhepunkten und Festen. Alle Lieder lassen sich direkt in ein spontanes Spiel umsetzen und mit allen möglichen Instrumenten begleiten.

Schallplatte „Wir sind die Musikanten"
Eine Auswahl von 19 Liedern aus dem gleichnamigen Buch. 30 cm LP

Rolf Krenzer/Inge Lotz
Mach mit uns Musik
Spiellieder für 3–8jährige mit Zeichnungen von Anne Röhnisch-Dannehl
80 Seiten, gebunden

Eine Sammlung für Eltern, Erzieher und Lehrer. Besser: Eine Sammlung für Kinder, die mitsingen und musizieren wollen. Die Melodien sind so einfach und einprägsam, daß bereits Dreijährige „mitkrähen" können und sich vom Spiel begeistern lassen.